GRAFFITI

POESÍA

HUERGA & FIERRO EDITORES

HUERGA Y FIERRO EDITORES, S. L. U.
C/ SEBASTIÁN HERRERA, 9
28012 MADRID (ESPAÑA)
TELÉFONO: 91 467 63 61
E. MAIL: huerga@huergayfierro.com
WEB: www.huergayfierro.com

PRIMERA EDICIÓN
2025

DISEÑO DE ÁNGEL LUIS VIGARAY

DEPÓSITO LEGAL: M-12100-2025 — I. S. B. N: 979-13-990442-4-9
IMPRESO EN ROMADAC Industria del Libro.
IMPRESO EN ESPAÑA

NO SÉ DE TI

Francisco Javier Expósito Lorenzo

NO SÉ DE TI

JAVIER EXPÓSITO LORENZO

GRAFFITI

HUERGA & FIERRO EDITORES

Somos los hijos de lo Desconocido
THOMAS MERTON

NO SÉ DE TI

I

Decir al fin no sé reconociendo el extravío
no acertar qué decir ni qué escribir ahora
ir y venir de un polo a otro zarandeado
por el tiempo que pasa y deja en agonía
el peso de todas las huidas que tomamos
y seguir de pie preguntándome en silencio
¿cuándo el ánimo abandonó mi marcha
apilando escombros al pie de las dudas?
¿cuándo comencé a entrever que la nada
era más cercana a lo natural que el todo?
¿cuándo la queja convirtió en desdicha
el agradecimiento de estar aún tan vivo?

Como si fuera una pavesa
arrojada a lo alto por el fuego
como si fuera un profeta
despojado de manto y cayado
como si fuera una cometa
olvidada a las puertas del cielo
como si fuera un gajo
apartado del fruto que dio cobijo
como si fuera un cordero
negro expulsado del rebaño
como si fuera un pájaro
desnortado de su bandada.

Extraño soy sentado en mi propio trono
cuando las mañanas sudan sobre los ojos
aventar de semillas sobre viejas cicatrices

roturado el corazón que late entusiasmos
bajo la corteza surgida al creerme árbol…
—erguido gracias al aguantar de las raíces
lanzado a las alturas por obra del tronco
sereno ante los embates de la tormenta—
…y al abatirse la niebla mi ilusión es ocaso
puñal de ángel que la realidad desvela
desangrado por filos de ensoñaciones
arrancado mi equilibro por obra del viento.

II

¿Y qué es ahora? sino un vaivén tierno
que va durmiéndome a lo real que quema
a la verdad de que soy un cedro tronchado
por la mano de luz que posa la nébula
cuando su humedad rocía las esperanzas
anegadas en ciénagas espesadas de tristeza
por eso solté la mirada de pájaro en la copa
y me resistí a las cotas de aire más livianas
al darme cuenta de que mis alas de plumas
no eran más que pelusas en fingido vuelo
huesos de corta vida haciéndose astillas
súbitos destellos que nunca fueron divinos.

Dime ¿por qué ahora no me das tu mano?
cuéntame si hay razón para tu silencio
¿acaso traicioné la esencia que traje?
¿no fui fiel a la longitud de onda
emitida por la red que teje el universo?
Me dejas aquí en la soledad del incendio
arrasada la vida que uno pensó propia
calcinados todos los árboles que fueron
hoguera que aviva la sed de ascenso
temeroso por el desapego de tu trato
tal si fuera ola nacida de cualquier orilla
adentrándose sola al misterio del océano.

Ya no me hablas ni dices ni aventuras
de la vocación de los colibríes levitados
tras ganar gestas al blusón del aire

no me engulle tu trenzado de palabras
girando en danza sobre esta luz que arde
en las cumbres más altas de mi memoria
allá donde solo la vastedad de lo oscuro
ejerce su tacto al hacer del hueco morada
donde nacerá luz de llama que da pálpito
al entibiar del fuego que alumbra criaturas
cuya belleza fraguada en fragor de tiniebla
vuelta espíritu no necesitará de consuelo.

Sólo las mariposas elevan ahora su canto
sabedoras de lo que es reptar sobre el suelo
y dolerse en prisiones donde la carne muda
del espesor de gusano a la levedad de nube
sólo ellas son quienes entienden el milagro
de las pieles dejadas al albur del olvido
de las ergástulas más salvajes por oscuras
de las jaulas de seda que consumen
aquello que nunca fue más que tránsito
pues a nadie le es secreto que una oruga
al arrastrarse comparte la misma esencia
que hace del ave un fruto de lo celeste.

¿Bastará que con mis ojos las contemple?
¿valdrá tal vez que mi puño se abra cuan flor
que sólo aspira a esparcir su fragancia
y acuda así a libar de mi mano tu enviada?
¿será entonces cuando la fe sea el polen
que haga latir la simiente bajo la tierra?
¿será esta mariposa con su sino el preludio
de la manifestación que concede el árbol?
¿serán los bosques una multitud de hojas
dispuestas a levantar en bandada el vuelo?
¿las mariposas raíces del cielo vueltas arriba
por entregarse a su arrastrar por el polvo?

III

No ha de venir un solo día sin confiarte
la herida que me infligió la confianza
no ha de venir un solo día sin quejarme
de la tristeza que me desangró la queja
no ha de venir un solo día sin acusarte
de la traición que cernió dentro mi juicio
no ha de venir un solo día sin dar gracias
por el dolor que más allá de sí trae la gracia
rendirse habrá a que un día serán aunados
los géneros que anudados nos vibran dentro
ocultos a la verdad escondida tras el sexo
solícitos a su ecuánime presencia en nosotros.

¿No te comprendo porque no me comprendo
o eres promesa de darnos una sola mirada?
¿naciste de mí o yo de tu chascar los dedos?
¿bebí del caudal que manaba de tu fuente
o concebí el manantial del que brotó tu agua?
¿le di alcance a la noche que te dio pábulo
o fuiste aurora de cuya luz surgí en ascenso?
Y llegarán noches en cardumen tañendo a soledad
y llegarán miedos a madejas sonando a grieta
de lo que es y lo que no es más que epopeya
de empeños y rendiciones que nunca acaban
hasta ver el fin como principio de toda historia.

¡Dime que soy dime que puedo dime que valgo!
pido por escucharte en el silencio de la bravura
al observar a la cobardía hacerse dueña y señora

de la voluntad que aún rechaza el dominio
de algoritmos y oligopolios que nos apresan
convertidos en sapos los nombrados príncipes
nacidos para enseñorearse de su reino
¡Dime lo que ansío oír a solas contigo esta noche!
cuando la luna irradie su himno de elegía
cuando los lobos aúllen clamando clemencia
cuando los prados vistan de luz a la madrugada
y calmo quedaré aun huérfano de ambiciones.

Dime que soy lo único que tienes en esta hora
donde no distinguimos al ciego del vidente
y decrece la virtud del tenido por santo
dime que no habrá más viajes a desolaciones
y me elegirás siempre de entre todas las piedras
que no me desampararás si lloro o si río
y me tenderás sin duda la mano si desmayo
dime si pese a vendar la herida a asesinos
seguirás contándome parte de tus hordas
sólo tú sabes que el amor no mira el cuidado
ni la virtud de aquellos a los que consuela
dando más de lo pedido sin saber qué tiene.

Dime que soy todo lo que eres sin alardeos
que eres todo lo que soy sin asomo de tacha
y así no volveremos a juzgarnos extraños
que hurgan hondo en fosas cavadas por dudas
allá donde vacila en su ritmo hasta el trino
de ruiseñores que jamás fueron silenciados
y me darás la piel de tu voz para abrigar la noche
el espesor de las palabras que no dijiste a nadie
la caricia de tu susurro arropándome en el sueño
la certeza de no merecer ninguna otra cosa
que seguir caminando con firmeza por el mundo
destinado a derrumbar las ruinas con tu manto.

IV

Resulta pavoroso saber que eres solo adentro
cuando fuera te reclama el ardor de las multitudes
aprender a protegerte con el embozo de la sábana
de los fantasmas que acuden al socaire del sollozo
cuando temes que nadie acompañará tu muerte
que la frente a veces arde memorias de luceros
fundidos sus cuerpos de luz al unísono
y entonces echas de menos lo fervoroso del tacto
que anima el cariño con la dádiva de la ternura
templando la piel que fue coraza de musgo nacida
de los huesos que entregaremos un día cualquiera
a la llamada de la arena arrojada en camposanto.

Sólo quiero saber entonces que no andarás lejos
cuando anide en los ojos la aridez del desamparo
sin que haga falta volver otra vez la cabeza
ni alargar la mano hacia tu fuego siempre vivo
sólo sumirme en tus brasas de roble sin lamento
disponer después el lecho a la virtud de lo solemne
las sábanas penetradas por el rumor a lavanda
la almohada sin arruga despojada de sueños
arrumbada sin descanso de cualquier esperanza
que uno hubiera traído consigo a esta tierra
entregados al otro que dará el sí al vuelco
de todo resistir que tuviera uno con el dejarse.

Consuélame y no te ocultaré más secretos
que eleven un muro a nuestro escucharnos
te hablaré de paseos por veredas que recorrimos

de cómo vadeamos lenguas de ríos anchurosos
de los techos de cordilleras a los que ascendimos
de internarnos en bosques donde fuimos inspirados
de la vastedad de mares en que nos sumergimos
de la espuma encabritada que burlamos en las olas
de las ballenas que tú sabes que nos tragaron
renacidos desde sus úteros a esto que somos
obedientes al destino que nos hizo profetas
escupidos a nuevas orillas de misericordia.

V

Hoy sólo quiero no querer pues sólo ama
el que renuncia a todo apego de querencia
siendo torrente en caída que jamás aquieta
hoy sólo deseo no desear más nunca nada
pues sólo los que calman su sed en el desierto
darán con la duna que acoge la abundancia
y dirán los altivos que nadie se arrodilla
y dirán los humildes que en todo desprenderse
hay un hallarse en lo más profundo del centro
acudiendo a unirse con lo más sosegado
más sólo tú sabes lo que siempre he sabido:
sólo amaré con pureza siendo otra vez niño.

A ti te reverencio a ti te cortejo a ti te sigo
tantas veces de otras vidas ya hace tanto
juntos tomando la senda de los buscadores
que no recuerdo cómo aunar nuestros pasos
cuando sólo bastaría quedar sin más aliento
como la ola de mar que nunca es la misma
de vuelta a la orilla donde de sí se desprende
como el sol que alumbra cada día los valles
reflejado distinto al fulgor de cada alba
fieles a sabiendas de que nadie agradezca
este regalo por cotidiano vuelto invisible
a ojos de los que viven ajenos al milagro.

Dicen los ángeles que hay escalas de orbe a orbe
por las que ascendemos y caemos los humanos
sin tregua a lo largo y ancho de los días

sucedidas dando a un pensamiento chispa
entradas y salidas de paraísos a infiernos
ciegos a la mente que ampara zigzagueos
ajenos a las compulsiones de nuestras lunas
esclavos de órdenes que legislaron pasajeras
bufones del poder hilado tras los telones
obligados a cruzar las fronteras de la conciencia
exiliados del sentido creado para nuestra vida
desterrados de nosotros sin modo de evitarlo.

Y te juro que cuando un ángel me roza el rostro
alzo la vista hacia su hogar allende los luceros
regresándome un destello que por un momento
siento tan mío que avivo flama en lo oscuro
levantado en vuelo trocado en luciérnaga
que guía a los viajeros contritos del espíritu
¡lástima que sólo sea un fugaz temblor de faro!
una pieza que se aflojó de mi vieja armadura
una astilla que viajaba solitaria por mi sangre
un dolor añejo que trae a veces la intemperie
un estertor venido del vientre de la aurora
pidiéndome abrir sin miedo de una vez los ojos.

VI

No sé si estoy tan dormido que a veces
creo no haber despertado de este sueño
que me priva de las luces del alma
y amortaja por el fragor de mi suspiro
tal vez te sienta resplandor de un cometa
que admiro fugaz cortar a la noche el cielo
prendido todo de su irrupción luminosa
hasta marchar su fulgor a rasgar otros velos
excluida nuestra mirada de su prodigio
dejado lo ordinario sin espacio de desmesura
¿o no es la rutina una avalancha de plagas
comiéndose a dentelladas el vigor del ánimo?

¡Dame árnica si caigo de nuevo al pozo de légamo!
escúlpeme otra vez de la arcilla a la que diste hálito
cóseme los párpados con seda pronta a enjaularme
en el haz de tiniebla del capullo aún no tejido
ignorante de la lumbre que lo arderá en llamas
a la voluntad sin dueño que en desapego ama
sólo hay esperanza en el cambio que transforma
sólo hay verdad en lo que una y otra vez muda
sólo reverdece el pasto no vuelto a ser pisado
hasta hacerse ya costra la herida del centauro
que galopa bajo la lluvia sin temor a su blandura
y aflora un lecho de hojas que tapiza la torrentera.

¿Acaso sabremos decir basta a lo que nos atora?
remover los surcos que alentaron la soberbia
arar de nuevo los campos para plantar nacientes

semillas que nos conduzcan a la puerta abierta
¿sabremos reconocer la lección de ser humildes
y desandar lo andado por elegir de nuevo esta senda
olvidar la personalidad que nos dimos orgullosos
y abrazar las faltas que negamos haber cometido?
No espero compasión de los que atienden mi duelo
no tengo expectativas de nadie que mire la quema
se verterá la sangre de mis heridas a sus copas
hasta embriagarse de dolor y cortar las amarras.

Y volverán los pobres a dar limosna a los reyes
y volverán los padres a agradecer a sus hijos
y volverán los ciegos a augurar a las sibilas
y volverán los santos a tentar a los demonios
sabedores de que la luz no es más que alegría
llevada por el vivir de la libertad más alta
más allá del miedo a perder lo que tuvimos
más allá del miedo a ganar lo que no somos
más allá del miedo a vivir a salvo en galeras
que navegan por un mar aún no aparecido
argonautas de un espacio nunca imaginado
héroes de territorios aún no descubiertos.

VII

Arranca de mí esta comezón que tanto abrasa
arrulla en mí esta zozobra que me causa nausea
amansa en mí esta tirantez que a poco escinde
¿apartarás de este doliente que cabecea
la amargura enhebrada entre sus canas?
¿podrás torcer de la soledad llegada el gesto
malherido que su frío clava en mis entrañas?
Aleja de lo que soy la pasión por la desventura
enmudece los cascabeles si me sientes serpiente
deslinda de futuro el siseo que bifurque mi lengua
pues sabes que no existe distingo entre nosotros
¿o acaso no son lo mismo la semilla y el fruto?

Qué poco sé de todo cuando tanto creía sabido
que cerca queda el horizonte cuando miro a lo lejos
qué poca luz entra a la alcoba de tan enteladas
las cortinas cuando uno creyó que ya amanecía
al habla entonces el galán en flor de mi pecho:
"hemos de abrir más ventanas en las paredes
habrá que acristalar de cuarzo las puertas
volvernos translúcidos a los que se acerquen
por curiosear cuando oigan latir a la madera
y cantar a los ruiseñores en los alféizares."
Será entonces cuando comprendamos algo
será entonces cuando en casa no haya duda.

VIII

Llegará un tiempo que destierre a los soldados
en el que nadie esté obligado a disparar balas
usaremos en vez de pólvora y metralla perdones
que acierten al enemigo en el más profundo centro
sin encontrar razones que nieguen el mantra
más sencillo y más arduo: "No supe, lo siento".
Si un día hemos de morir en acción de servicio
explotaremos granadas que esparzan pétalos
sembraremos trincheras de labios que besen
bombardearemos a los adversos con abrazos
y el paso al reino de Hades será tan plácido
que no habrá temblor al vuelo del espíritu.

Sé que llegará ese día donde no quede resquicio
de duda a que uno sumamos todos los que somos
y dará igual ser asesinado que ser ensalzado
dar tregua a las hordas de fariseos y publicanos
o discutir con los que pervierten sin vergüenza
el significado de lo que damos por sagrado
¡descuida! que el arroyo hará sonar su elegía
por donde pase sin importarle el cauce
y los oídos que oigan sabrán beber del agua
sin atisbo de escape a la ley que rige lo pactado
por las almas tras acordar sus tratos en el limbo
a la espera de convertir cuerpos en moradas.

No pensarse solo requiere la mayor de las firmezas
cruzar los páramos que te convierten en víctima
rechazar la vocación de plañidera asida a tu duelo

negar a la desconfianza el bocado de flaqueza
obviar al que mirándote se rasga las vestiduras
porque en su puzle del mundo tu pieza no encaja
aullar como la bestia perseguida en una batida
que escapa de la caza al nunca creerse presa.
No pensarse solo nos obliga a romper las murallas
y hacer de los adarves los rostros de tus hermanos
a construir puentes que enlacen orillas opuestas
por donde crucen los que un día se juraron odio.

Allá donde voy hollando la tierra con mis pisadas
admiro a veces de cerca las espadañas de iglesias
cruzo umbrales de sinagogas a la vera de mezquitas
hallo el fragor de la mente en lucha por dar sentido
al lenguaje desbrozándose a la caza de palabas
que describan la ebriedad del vino no vendimiado
el trino del ave lira que jamás fue muda en jaula
y rendido me tiendo a la compasión que no guardo
cuando me muestras delante un espejo sin medida
tan claro como el agua que se derrama al océano
enseñándome cómo queremos atrapar el misterio
de lo remoto sin siquiera alcanzarlo en nosotros.

Y mañana llegaremos tarde si no damos a la dicha
motivos para entregársenos sin tener en cuenta
lo que hicimos o no un día en tal o cual manera
que de las rosas uno se atiene sólo a la fragancia
encomendada la espina al suturar de la herida
que abrió sin conciencia del dolor que causaba
y mañana no valdrá si no engendramos la sonrisa
a la noche para alumbrarla al orto tras el sueño
ni nos servirá si nos demoramos en las cumbres
de lo conquistado ajenos a lo fugaz de los logros
y será tan tarde que cuando la voz alcemos
nadie entre los justos nos querrá ya hacer caso.

Deja que me disculpe por esta reata de apóstatas
permite a este hijo pródigo que pida el regreso
a tu regazo de los que un día fueron tus hijos
beodos de todo poder y henchidos de vanagloria
allá donde la muerte se troca en vida más verdadera
perdóname si protejo a los que tras el naufragio
sólo hallan consuelo en abrazarse a los baúles
que terminan idos al fondo del mar sin remedio
ordéname arriar una barca que ayude a soltar peso
a quienes sólo confían en la corrupción de la carne
y quizá recuerden la infinita anchura del océano
el misterio por el que sin tener fe acuden a tus cielos.

No me traigáis más presagios no me llaméis profeta
caerán de sus peanas los ídolos que hicimos con barro
avergonzados estaremos de adorar cascos de botella
vacíos que nos vendieron como elixires de éxtasis
no habrá culpable de yerro si la ignorancia es sagrada
no habrá un limpiar mañanas sin reconocer la mancha
hipnotizados seguiremos por los magos de las modas
y si no dejamos de bailar música que silban sus flautas
caeremos por los acantilados como rebaños de ovejas
sin esperanza alguna de despertar dando atrás un paso
sordos a la llamada del pastor que guarda el camino
devotos de la partícula que nos engaña ya polvo apenas.

Y cómo voy a confiar en cabalgar las llanuras celestiales
si nos venden caballos que nunca soñaron ser Pegasos
si cortaron el cuerno de la abundancia a los unicornios
arrebatándonos al fin la existencia del milagro
alejándonos de los héroes que poblaron las tradiciones
tildándolos de trasnochados que retienen el progreso
cuando los sexos que nos dieron vida son materia de niebla
animada ahora por consorcios a ser moneda de cambio

¡cómo no darse cuenta de que la confusión se acrece!
que tal vez a poco no queden huellas de qué fuimos
desorientados a medio camino entre cielo y tierra
gritando al querer volver a abrir los ojos: ¡quiénes somos!

IX

No sé nada pues lo que hoy brilla mañana palidece
los imperios que gobernaron vieron borradas sus fronteras
las ciudades más señeras fueron después con sal aradas
y el caudillo yergue una torre que lleva en sí su caída
por eso nadie osará tomar agua de la fuente del oráculo
aterrados por la idea de que el futuro vaticine la muerte
de los mandatarios que nos encerraron en sus jardines
mentira a mentira sin saber dónde escondieron la llave
y así cuando todo decrezca en su estremecer de huida
estos hechiceros que nos ciegan salgan incluso impunes
pues perdonamos a los que se disfrazan de corderos
y usamos la guillotina con los juzgados devoradores.

No sé ya si este yo que fui volverá a jugar a las normas
vestido de ciudadano dispuesto a asentir con la cabeza
cuando le llegue el turno de dejar su ética en una urna
no sé ya si han claudicado los antaño llamados sabios
enseñando a los olvidados que por encima mira el cielo
abierto al firmamento en continuo parto de estrellas,
¿a quién disculpamos su desprecio a los que aman?
¿a quién nos vendemos dando pábulo a la mentira?
¿los dueños de las efigies nos nombrarán escoria?,
Míralos sentados en sus reuniones de palco otear el tendido
volver la espalda a intuiciones que ni se miden ni pesan
sin pronunciar versos que de otra luz viva nazcan el Verbo.

¿De qué está hecha la riqueza que perdura más allá del destino?
¿qué aploma la voz en el aire cuando va más allá del vestigio?
¿qué fruto da el cacto aun cuando no se hubo regado en años?

dime si no somos flores aventureras que estaremos muertas...
¿oyes esta súplica cantándote desde las raíces de lo velado?
¿me reconoces aunque no sea más que juglar de lo inhóspito?
Mañana tal vez mañana volvamos todos deshechos de algas
a la playa en la que éramos la arena que cabía en la orilla
arrepentidos de separarnos de lo esencial con promesas
asustados por vernos capaces de sostener tan alto la soberbia
avergonzados de nuestra falsedad como Pinochos de madera
dispuestos a disolvernos en la confianza de otro mañana.

No es fútil orar por reintegrar la verdad a nuestra palabra
no es inútil pronunciar en voz baja credos que de la boca
salgan oliendo a incienso quemado por el corazón que arde
aun niños cuando la ilusión es vuelo sin límite de altura
¿o no sabes que reencontrarte ahora requiere la férrea
disciplina de los lamas cuando repiten sin cesar un mantra
y hallar de nuevo la luz que nace prístina en los ojos
de los que viven como si fueran a nacer de continuo?
Pocos son capaces de acallar el ruido que ensordece
pocos acudirán a la soledad que tanto los provoca
cuando la verbena que nos ahoga acelere su rueda
y sólo pueda uno hacerse fuerte en su conciencia.

Sólo hallaré agua en el pozo que abrí más hondo
guardada allí por el espíritu a salvo de todo trance
poseyéndote y despojándome en ir y venir que abruma
tan cerca a veces que tu carne termine siendo mi carne
tan lejos a veces que tu ausencia nazca mi ausencia
ignorado por el oro que en los días alegres de mí rebosa
dimitido del destello que ni siquiera anhelan los reyes
si no se aferran a la luz de su propio faro en la tormenta
y sé que sólo en silencio enseñas el sabor de tu árnica
a los que decretan vivir por encima de tumultos
levantados por la tempestad nacida de impostores
que han trocado en necedad la virtud de ser humano.

Era más feliz cuando sentado en el mojón del sendero
cerraba los ojos al sol para que me comiese la cara
estaba más calmo cuando tumbado sobre la hierba oía
el canto del mirlo acompañar la marcha del río
no me preocupaba entonces que estuvieras al lado
no buscaba tu dulzura en las piedras tejidas de hiedra
pues el reguero de mi latido sabía de tu presencia
aupándose en su frecuencia más allá de todo cimbreo
izado por el viento en su caricia a los brazos del árbol
y sin saber nada sin querer nada sólo un quedar quieto
era cuando no había dentro de mí asomo de duda
ni espina acurrucada por el camino en mis sandalias.

X

Sólo tú sabes que te evité tantas veces porque temía
dónde me llevarías si dejabas en mi mano tu gracia
rechacé tu abrazo más íntimo por miedo a perderme
disuelto en los abismos de tu libertad sin fronteras
lloré pidiéndote que no accedieras cuando llegó la hora
marcada desde siempre para venir a buscarme a casa
derrengado sobre la pereza de darme en todo a medias
ajeno a la entrega que todo amante pide en dádiva
sólo tú sabes que de este siervo era la voluntad esquiva
sólo tú sabes que el valor nace de enfrentarse al miedo
sólo por gozar vernos pisar las brasas de esta alegría
a la que ni siquiera la tristeza apagará su llama.

Darán frutos los terrenos que creímos más baldíos
veremos tras el cielo encapotado brillar la estrella
acudirán las alondras a cantar sobre las cenizas
de los bosques surgidos de los fuegos de la rabia
y versarán los poetas sobre los vacíos que aloja el hielo
dentro de las entrañas cuando esperemos lo que dimos
ajenos a la generosidad de la lluvia con los campos
a la alianza eterna del río con el niño que hunde
su cuerpo bajo el agua entregado al fluir de la dicha
y cuando hayamos recorrido por fin todas las andaduras
¿contemplaremos regenerarse al vientre marchito?
¿asistiremos sin medrar a la dación perfecta de la vida?

Te pido clarividencia para distinguirte en las sombras
te pido fortaleza para embridar la furia de mi caballo
te pido resistencia para afrontar el azote del viento

te pido humildad para aceptar la mordedura del daño
te pido serenidad para dormir confiado en tu regazo
concédeme el don de reconocer en voz alta mis fallas
concédeme el valor de los que retan sin temor su locura
concédeme el honor de amar la verdad que duele
concédeme la herida por la que la luz entre sin filtros
concédeme la gracia sobre la que tender a este amante
que tanto te echa en falta de tanto buscarte en la noche
y no habrá más demoras que mermen mi compromiso.

Si hubiera una cresta luminosa de tu pelo en la almohada
ardería mi labio al despertar como la aurora arde el aire
si hubiera pliegues de las sábanas hablando de tu cuerpo
cuando tiento la cama en duermevela sabría tu cercanía
habiendo un haberte teniendo un sólo tenerte
y eso no sería más que erigir ruinas vestidas de mármol
a las puertas de un seísmo que tarde o temprano agriete
esta tierra donde a veces nos descubrimos siendo el otro
¿y no ha de ser entonces cuando habremos de coger el hilo
que nos lleve a hallar el ovillo donde todo ir y venir cese
al fin de los días cuando un incierto no sé nos venza
y rendidos entonces sepamos que en verdad nunca supimos?

ÍNDICE

NO SÉ DE TI

I 13
II 17
III 21
IV 25
V 29
VI 33
VII 37
VIII 41
IX 47
X 53

Esta obra
se acabó de imprimir
con los auspicios de
Charo Fierro y
Antonio J. Huerga, editores

FINIS CORONAT OPUS